Como educar crianças e jovens no século XXI

O PSIQUIATRA MAIS LIDO DO MUNDO

AUGUSTO CURY

Como educar crianças e jovens no século XXI

Principis

Esta é uma publicação Principis, selo exclusivo da Ciranda Cultural
© 2023 Ciranda Cultural Editora e Distribuidora Ltda.

Texto
Augusto Cury

Editora
Michele de Souza Barbosa

Revisão
Fernanda R. Braga Simon
Luciana Garcia

Diagramação
Linea Editora

Produção editorial
Ciranda Cultural

Design de capa
Ana Dobón

Imagens
Login – stock.adobe.com;
DisobeyArt/shutterstock.com
Valenty/shutterstock.com

Dados Internacionais de Catalogação na Publicação (CIP) de acordo com ISBD

C982c   Cury, Augusto

Como educar crianças e jovens no século XXI / Augusto Cury. - Jandira, SP : Principis, 2023.
96 p. ; 15,50cm x 22,60cm. - (Augusto Cury)

ISBN: 978-65-5552-848-0

1. Autoajuda. 2. Brasil. 3. Educação. 4. Filhos. 5. Pais. 6. Jovens. 7. Família. I. Título. II. Série.

2023-1062

CDD 158.1
CDU 159.92

Elaborado por Lucio Feitosa - CRB-8/8803

Índice para catálogo sistemático:
1. Autoajuda : 158.1
2. Autoajuda : 159.92

1ª edição em 2023
www.cirandacultural.com.br
Todos os direitos reservados.
Nenhuma parte desta publicação pode ser reproduzida, arquivada em sistema de busca ou transmitida por qualquer meio, seja ele eletrônico, fotocópia, gravação ou outros, sem prévia autorização do detentor dos direitos, e não pode circular encadernada ou encapada de maneira distinta daquela em que foi publicada, ou sem que as mesmas condições sejam impostas aos compradores subsequentes.

SUMÁRIO

A sociedade atual 8

Bons pais e pais brilhantes 12

Hábitos dos pais brilhantes – Parte 1 20

Hábitos dos pais brilhantes – Parte 2 28

Hábitos dos pais brilhantes – Parte 3 34

Professores fascinantes – Parte 1 42

Professores fascinantes – Parte 2 50

O papel da memória – Parte 1 58

O papel da memória – Parte 2 66

Os sete pecados da educação 74

Pais brilhantes e professores fascinantes formam sucessores 86

INTRODUÇÃO

A tarefa de educar nunca foi tão árdua e complexa como na atualidade, por isso este livro foi escrito para aqueles que, assim como eu, estão preocupados com a educação destes que são os filhos da humanidade.

Nas próximas páginas, vamos juntos empreender uma jornada de onze capítulos de muita reflexão. Neles, não falarei para educadores heróis, mas para pessoas de carne e osso, pessoas que falham e erram, pessoas que às vezes têm a excelente intenção de contribuir, mas, por não terem desenvolvido ferramentas socioemocionais, não aprenderam a gerir seus pensamentos e a trabalhar perdas e frustrações e muitas vezes falham sem a intenção de errar. Este livro, então, apresentará ferramentas para que pais e professores reais possam promover a formação de pensadores, a formação de mentes brilhantes, com uma emoção saudável.

A SOCIEDADE ATUAL

Somos de uma geração que quer dar o melhor para as crianças e os jovens, mas frequentemente falhamos, procuramos dar os melhores brinquedos, roupas, passeios, escolas... Alguns pais se preocupam em proporcionar o máximo de atividades para os filhos, matriculando-os em cursos de inglês, computação e música, colocam uma televisão na sala e um computador no quarto... São pais que tentam fazer muito, mas falham sem perceber.

Digo isso não para diminuir os esforços de ninguém; afinal, educar é uma tarefa mais difícil do que dirigir uma cidade, um estado ou um país. É formar um ser humano a partir dos primeiros anos de vida. E nossas crianças precisam inventar, correr riscos, frustrar-se, ter tempo para brincar e encantar-se com a vida. Isso porque a criatividade, a felicidade, a ousadia e a segurança do adulto dependem das matrizes da memória criadas durante a infância e a adolescência. A televisão, os brinquedos, os manufaturados, a internet, o excesso de atividades e de informações podem se tornar obstáculos para o desenvolvimento das habilidades mais importantes. Criamos um mundo artificial para os jovens e para as crianças e pagamos um preço caríssimo: elas têm tempo para tudo, mas não têm tempo para ter infância, nem para se aventurar.

Já realizei conferências com magistrados em todo o Brasil, inclusive no Supremo Tribunal Federal, na Procuradoria Geral da República e para a Polícia Federal. Tenho dito que estamos assistindo ao assassinato coletivo da infância das crianças e da aventura dos jovens: o excesso de atividades, de compromissos e de informações conspira contra a leveza e a suavidade e deteriora o bilhete de viagem para dentro de si mesmo, viagem essa para que eles possam se interiorizar, trabalhar perdas e frustrações, desenvolver autonomia, ser autores da sua própria história. Estamos nos estressando rápida, intensa e coletivamente. Estamos na era do consumo, na era da ansiedade, da hiperestimulação, enquanto deveríamos estar na era do Eu como gestor da mente humana, na era do Eu que representa a capacidade de escolha, da consciência crítica e da autodeterminação para proteger a emoção e prevenir transtornos psíquicos.

Seu filho não sai da frente de um computador, não larga o *smartphone*, joga videogames com frequência, às vezes exige que você dê produtos, como roupas, tênis e aparelhos digitais. Ele precisa aprender a gerenciar o consumismo, a emoção e os pensamentos, para que não tenha uma ansiedade atroz, para que tenha mais chances de ser feliz nesta sociedade estressante, para que tenha mais possibilidades de ter uma mente saudável, uma emoção tranquila nesta sociedade altamente consumista.

No passado, o número de informações dobrava a cada dois ou três séculos; hoje, dobra a cada ano. O excesso de informações e de estímulos e o uso de *smartphones* e de videogames saturam a memória de uso contínuo, ou MUC, como você verá adiante, gerando um trabalho intelectual escravo. São crianças e adolescentes que têm tempo para tudo, mas não têm tempo para si mesmos. Para elaborar experiências, para trabalhar perdas, para fazer de cada dor, de cada angústia, de cada rejeição, crise ou limitação o momento único para desenvolver janelas *light*, ou arquivos inteligentes, para que o Eu deles se torne autor da própria história, é fundamental que os pais não deem presentes e roupas em excesso aos filhos nem os coloquem em múltiplas atividades, é fundamental que conquistem o território da emoção deles e saibam transferir o capital das suas experiências.

No livro *O homem mais inteligente da história*, digo que estamos na era dos mendigos emocionais. Os pais que dão excesso de presentes e estímulos viciam o córtex cerebral das crianças e dos jovens a precisar de muito para sentir pouco, e isso é muito grave. Na escola, a situação é ainda pior: professores e alunos vivem juntos durante anos dentro do microcosmo da sala de aula, mas são estranhos uns aos outros, pois se escondem atrás dos livros. Professores se escondem atrás do giz, da lousa ou de computadores. O que nós precisamos, como veremos, é gerar janelas *light*, arquivos inteligentes, para que o Eu que representa a capacidade de escolha, a autonomia, a consciência crítica saiba ser líder de si mesmo. Quem não é líder da sua mente nunca o será no teatro social. Crianças e jovens precisam aprender a ser protagonistas da sua própria história, ou serão escravos vivendo em sociedades livres. Portanto, caro leitor, pai, mãe, educador e educadora, meu sonho, minha meta, é que você possa brilhar no teatro social, e em destaque no teatro da emoção dos seus filhos e alunos.

BONS PAIS
E PAIS
BRILHANTES

Você sabe qual é a diferença entre bons pais e pais brilhantes? Bons pais dão presentes, mas pais brilhantes dão o seu próprio ser. Esse primeiro hábito dos pais brilhantes contribui para desenvolver em seus filhos a autoestima, a proteção emocional e a capacidade de trabalhar perdas e frustrações, de filtrar estímulos estressantes, de dialogar e de ouvir.

Vamos entender as diferenças desse hábito que podem transformar bons pais em pais brilhantes. Bons pais atendem dentro das suas condições aos desejos dos seus filhos, fazem festas de aniversário, compram tênis ou roupas, produtos eletrônicos; quando têm dinheiro, até proporcionam viagens. Pais brilhantes dão algo incomparavelmente mais valioso aos seus filhos, algo que todo o dinheiro do mundo não pode comprar: o seu ser, a sua história, as suas experiências, as suas lágrimas e o seu tempo. Pais brilhantes, quando têm condições, também dão presentes materiais para seus filhos, mas não os estimulam a serem consumistas, pois sabem que o consumismo pode esmagar a estabilidade emocional, gerar tensão e prazeres superficiais. Aliás, o consumismo provoca altos níveis de ansiedade, e os pais que vivem em função de dar presentes para os seus filhos são lembrados disso a todo momento.

Os pais que se preocupam em dar a sua história aos seus filhos se tornam inesquecíveis. Mas como fazer isso? Tendo coragem de falar sobre os dias mais tristes de sua vida com seus filhos, tendo a ousadia de contar as suas dificuldades do passado, mas também as suas aventuras, os seus sonhos e os momentos mais alegres de sua existência.

Humanize-se, transforme a relação com seus filhos em uma aventura, tenha consciência de que educar é penetrar no mundo de quem você ama. Por que é fundamental para a formação da personalidade dos filhos que os pais se deixem conhecer? Porque essa é a única maneira de educar a emoção e criar vínculos sólidos e profundos. O que gera os vínculos inconscientes não é o que você diz a eles, mas principalmente como eles incorporam as *suas* experiências. Os seus filhos registram os *seus* comportamentos, arquivam na memória todas as *suas* condutas. Muitos pais falam coisas maravilhosas para as suas crianças e adolescentes, mas têm péssimos comportamentos na presença deles. Destaco como agem diante dos focos de tensão: são intolerantes, agressivos, impulsivos, parciais, dissimulados, ansiosos. Com o passar do tempo, isso cria um abismo emocional entre pais e filhos, porque ficam registradas janelas *killer*, ou traumáticas, no solo da memória deles. Pouco afeto e muitos atritos e críticas transformam a relação em um caos, um inferno emocional. Por isso peço, por favor, seja o exemplo, deixe-se conhecer, deseje que os seus filhos criem vínculos profundos com a sua própria história. Tudo o que os seus filhos veem de você é registrado, e nada pode ser deletado, apenas reeditado.

Nenhuma técnica psicológica ou educacional funcionará se o amor inteligente, não apenas o amor emoção, não prevalecer.

E quando se trata da memória? A emoção é que vai definir a qualidade desse registro. Todas as experiências que possuem um alto volume emocional – por exemplo, angústia, dores, ou frustrações – provocam um registro privilegiado. O amor, o ódio, a alegria e a angústia provocam um registro intenso. Podemos formar janelas saudáveis, que eu chamo de janelas *light*, ou janelas doentias, as janelas *killer*. Nossa agressividade, rejeições e atitudes impensadas podem provocar um alto volume de tensão no território da emoção de nossos filhos e de nossos alunos, gerando cicatrizes para sempre. Reitero: não é possível deletar a memória, só é possível reeditá-la, ou seja, introduzir novas experiências nos locais doentios. Pais e professores do mundo todo deveriam saber disso, mas, infelizmente, são raros aqueles que conhecem a teoria das janelas da memória, essa importante teoria que fala da movimentação dos arquivos no inconsciente.

Nesse sentido, quero lhe falar sobre o perdão: se você errou com seus filhos, é insuficiente apenas ser dócil com eles no segundo momento ou, pior ainda, tentar compensar a sua agressividade comprando presentes, porque dessa forma você apenas cria janelas traumáticas, e eles o manipularão e não o amarão. Você só conseguirá reparar a sua atitude, só irá reeditar o filme do inconsciente se penetrar no mundo deles, se reconhecer seu exagero, se falar com eles sobre sua atitude, se tiver coragem de pedir desculpas. Pais brilhantes não têm medo de reconhecer suas mazelas, suas atitudes inadequadas e por vezes tolas, porque assim ensinam aos seus filhos como também reconhecer seus erros e transformá-los em nutrientes para desenvolver a sabedoria.

Mas quantos pais reconhecem seus erros? São poucos no mundo todo; seja na Ásia, seja na Europa, nas Américas ou na África, infelizmente os pais se escondem na sua autoridade, enquanto os professores se escondem atrás do conteúdo formal que ensinam. Ao deixar que as crianças e os jovens o conheçam como um ser humano real, de carne e ossos, com defeitos e dificuldades, você transfere aquilo que o dinheiro não pode comprar: o capital das experiências. Desse modo, nós mudaremos a era da educação, sairemos da era da informação, do bombardeamento de dados, do consumismo, para a era do Eu como gestor da mente humana. Isso muda tudo na formação da personalidade. Se fizermos isso, se transferirmos o capital das experiências, nossos presídios se tornarão museus, e os policiais terão tempo para ser artistas plásticos, porque haverá muito menos crimes. Os hospitais psiquiátricos terão muito menos pessoas doentes, porque trabalharemos as habilidades mais importantes para que aqueles que seriam pacientes possam se tornar autores da própria história.

Pense nisto: você sabe o que acontecerá se transferir de maneira mais inteligente as suas experiências? Seus filhos se apaixonarão por *você*, não pelo dinheiro que você tem, nem pelos gritos que você dá, nem pelas broncas que você profere, mas principalmente porque você é um ser humano grande que se fez pequeno para torná-los grandes. Porque você aprendeu a falar das suas lágrimas para que seus filhos aprendessem a chorar as deles. Isso faz toda a diferença no processo de desenvolvimento de uma emoção madura e de um Eu que é capaz de dirigir o script da própria história nos focos de tensão.

De vez em quando, chame um de seus filhos e vá almoçar fora com ele ou vá fazer um programa diferente. Diga o quanto ele é importante para você, pergunte quais são seus pesadelos, seus sonhos, suas crises; se tem sofrido *bullying*, se tem passado pelos vales do estresse, se algum medo ou fobia o tem controlado. Deixe seu filho participar da sua vida contando sobre a vida dele. Nenhuma técnica psicológica ou educacional funcionará se o amor inteligente, não apenas o amor emoção, não prevalecer. Quem ama apenas com a emoção está fadado ao fracasso. É preciso que seja um amor inteligente, um amor com trocas de experiências, um amor que permita que você penetre as camadas mais profundas do ser. Aquele em que você ouve o que seus filhos ou alunos têm a dizer, aquele no qual você é capaz de falar do seu próprio script, daquilo que é mais importante.

Se os pais de todo mundo de vez em quando falassem dos seus fracassos, para que os filhos entendessem que ninguém é digno do pódio se não se vale dessas derrotas para alcançar a vitória, teríamos uma nova relação, um novo paradigma no processo educacional e na formação de mentes brilhantes.

Humanize-se, transforme a relação com seus filhos em uma aventura, tenha consciência de que educar é penetrar no mundo de quem você ama.

HÁBITOS DOS PAIS BRILHANTES

PARTE 1

Bons pais nutrem o corpo; pais brilhantes vão além, nutrem a personalidade. Esse hábito dos pais brilhantes contribui para o desenvolvimento da reflexão, da segurança, da liderança, da coragem, do otimismo, da superação do medo e da prevenção de conflitos emocionais.

Antigamente, uma família estruturada era uma garantia de que os filhos desenvolveriam uma personalidade saudável. Hoje, bons pais estão produzindo filhos ansiosos, alienados, autoritários, angustiados, consumistas. Por que pais inteligentes e saudáveis têm assistido a seus filhos adoecerem? Essa é uma grande questão. Isso acontece porque a sociedade se tornou uma fábrica de estresse, uma fábrica de janelas traumáticas; não temos controle sobre o processo de formação da personalidade dos nossos filhos, nunca tivemos. Hoje em dia, muito menos.

É preciso preparar os seus filhos para sobreviver nas águas turbulentas da emoção e desenvolver a capacidade crítica de pensar. Só assim as crianças e os jovens poderão ter autonomia, saberão filtrar os estímulos estressantes, enfim, serão livres para escolher e decidir. Os pais que não ensinam os filhos a ter uma visão crítica dos comerciais

De que adianta você cuidar diariamente da nutrição de bilhões de células do corpo de seus filhos se descuida da nutrição psicológica?

ou programas de TV, por exemplo, que apresentam modelos magérrimas, esquálidas e desnutridas como um padrão tirânico de beleza não estão estimulando os filhos a ter uma excelente dieta emocional.

Pais brilhantes estimulam os filhos a entender os graves problemas da discriminação de pessoas e os riscos de causar e sofrer *bullying*. Ensinam tanto a não ferir os seus pares quanto a não gravitar na órbita negativa dos colegas que estão ao redor, de forma que alcancem maior proteção emocional, uma dieta mais inteligente.

A atual sociedade consumista só prepara nossos filhos para ter, para possuir e adquirir mais produtos, e isso é muito perigoso. Cabe aos pais orientá-los. Além disso, é importante, ainda, ajudar as crianças e os jovens a não serem escravos dos seus problemas, alimentando o anfiteatro dos pensamentos e o território da emoção deles com coragem e ousadia, ou seja, com a capacidade de se reinventar. Não se conforme se eles forem tímidos e inseguros; ninguém deve ser obrigado a ser um encarcerado no território da emoção, ter medo do que os outros pensam e falam de si, viver em função do futuro, sofrer por antecipação. Seus filhos podem e devem ter uma mente livre, por isso a educação tem de ser inteligente, tem de formar mentes brilhantes com a emoção saudável.

Que educação é essa que fala sobre o mundo em que estamos e se cala sobre o mundo que somos? Essa é uma grande pergunta. Nós queremos preparar nossos filhos para serem autônomos, livres, saudáveis, inventivos, mas a educação que é comum e recorrente em todo o mundo não estimula os pais a dar o melhor de si para que os seus filhos tenham segurança, para que eles critiquem todos os dias pensamentos pessimistas, mórbidos, para que eles reciclem o medo da crítica alheia, para que eles se tornem protagonistas da própria história.

Por isso, mais uma vez digo: transfira o capital das suas experiências, para que os seus filhos possam desenvolver a capacidade de escrever os capítulos mais importantes da própria história, dos momentos mais difíceis da vida. Você tem que perguntar para seus filhos: "Vocês precisam de mim? Onde eu errei e não soube? Quais são os fantasmas que os assombram? Que tipo de medo os sequestra?". Você tem que perguntar para eles se já sofreram algum tipo de constrangimento na escola, se algum adulto disse palavras ou teve atitudes que os machucaram ou feriram. Não tenha medo de penetrar em camadas mais profundas do território da emoção. Se você sentir medo disso, tenha certeza de que estímulos estressantes ou pessoas inumanas não generosas, que não amam o desenvolvimento da personalidade do seu filho ou do seu aluno, podem estar em um lugar pernicioso, dramático e destrutivo dentro dele.

De que adianta você cuidar diariamente da nutrição de bilhões de células do corpo de seus filhos se descuida da nutrição psicológica? Se você não sabe fazer as perguntas corretas, de que adianta ter um corpo saudável? Se são infelizes e instáveis, se pequenos problemas os invadem com muita frequência, ou seja, se não têm proteção emocional, de que adianta eles não se machucarem fisicamente? Mas eles fogem dos problemas. Eles têm medo de críticas, não sabem sequer ouvir um não, colapsam, têm acessos de birras homéricos, entram em estado de estresse agudo.

Quando os pais falam: "Não, isso não pode. Isso não é adequado. Meu filho, pense nas consequências do seu comportamento", nutrem adequadamente a personalidade dos filhos. Mesmo que

Transfira o capital das suas experiências, para que os seus filhos possam desenvolver a capacidade de escrever os capítulos mais importantes da própria história.

momentaneamente eles tenham algum tipo de ansiedade, mesmo que eles rebatam a sua postura, entenda que *você* colocou limites com seriedade. E limites devem existir, sempre postos com inteligência e generosidade.

Nós não podemos ser manipulados pelos nossos filhos, não devemos nos sujeitar a chantagens, a comportamentos em que eles fazem comparações, como "Meus colegas têm, e eu não tenho", "Os pais dos meus amigos fazem isso ou aquilo por eles, mas vocês não fazem por mim". Saiba que até esse comportamento deles pode ser saudável se você aprender a desenvolver ferramentas adequadas para educá-los. Porque eles têm que aprender a negociar, você dá liberdade, mas com limites. Porque não existe liberdade sem limite. Assim, pouco a pouco, você constrói janelas *light* para que seus filhos aprendam a ser protagonistas da própria história.

Se você for um especialista em reclamar, se sempre se mostrar temeroso, inseguro, se tiver angústias em relação ao que não aconteceu, preocupações excessivas com doenças, se você paralisa quando é questionado, desafiado ou contrariado, tenho certeza de que, sem que perceba, você não está nutrindo a personalidade de seus filhos com janelas *light*. Reclamar muito, ser pessimista, ter preocupações excessivas com doenças são exemplos de fórmulas destrutivas que criam janelas *killer,* as janelas traumáticas, através de um fenômeno inconsciente: o registro automático da memória, ou fenômeno RAM. Sem que você perceba, seus filhos estão filmando e registrando o seu comportamento todos os dias. A maior fonte de influência no processo da formação da personalidade não é o que você diz para seus filhos diretamente, mas, sim, aquilo que você expressa espontaneamente. Tudo aquilo que você nem percebe que eles estão observando, captando, é que de fato influencia os pilares mais importantes do intelecto e da emoção deles. Ou seja, quanto melhores forem os seus hábitos, melhor você influenciará o futuro de seus filhos.

Ao finalizar este capítulo, reafirmo, estamos tratando aqui da educação que estimula as crianças e os jovens a cuidar da paisagem da memória, dos solos não apenas do consciente, mas também do inconsciente, no qual todos os dias eles vão nutrir a sua personalidade com atitudes inteligentes dos pais, com atitudes solenes dos professores, com conversas e diálogos profundos. Esses comportamentos ocorrerão a tal ponto que os pais e educadores deixarão de ser apenas manuais de regras que apontam falhas para se tornar manuais de vida: pessoas que formam mentes sábias, tranquilas, serenas e altruístas.

HÁBITOS DOS PAIS BRILHANTES

PARTE 2

O hábito que vou lhe apresentar agora contribui para desenvolver motivação, ousadia, determinação, capacidade de superação, habilidade para criar e aproveitar oportunidades. Bons pais preparam seus filhos para receber prêmios, mas pais brilhantes preparam seus filhos para enfrentar derrotas. Bons pais educam a inteligência lógica dos seus filhos, mas pais brilhantes educam a sensibilidade. Estimule seus filhos a ter metas, a procurar o sucesso no estudo, no trabalho, nas relações sociais, mas não somente isso! Leve-os a não ter medo de fracassar em uma empreitada; afinal, não há pódio sem derrotas nem sucessos sem crises.

Muitos não conquistam o pódio não por falta de capacidade, mas porque foram incapazes de superar os fracassos do caminho. A perseverança é tão importante quanto a habilidade intelectual. A vida é uma longa estrada, que tem curvas imprevisíveis e derrapagens inevitáveis. Os pais brilhantes se colocam como modelos para uma vida de sucesso, mas não infalível. Vencer não é acertar sempre, então é importante você ser capaz de dizer para seus filhos: "Errei, me desculpe, eu preciso de você". Pais brilhantes são fortes nas convicções que têm, mas flexíveis para admitir suas fragilidades. Pais que não têm coragem de reconhecer seus erros nunca ensinarão seus filhos a enfrentar os seus próprios equívocos e a crescer com eles.

Viver é um contrato de risco. E os jovens precisam viver esse contrato apreciando os desafios, e não fugindo deles. Se ficarem intimidados diante das derrotas, crises e dificuldades, o registro automático da memória (o fenômeno RAM) arquivará em sua mente experiências que financiarão o complexo de inferioridade, a baixa autoestima, o sentimento de incapacidade e o sentimento de culpa.

Vamos, agora, conhecer um novo hábito dos pais brilhantes. Este hábito que irei apresentar contribui para desenvolver a solidariedade, o companheirismo, o prazer de viver, o otimismo e a inteligência interpessoal, nada tão belo e tão rico para formar mentes livres como a emoção saudável.

Vimos que o primeiro hábito dos pais brilhantes é deixar seus filhos conhecê-los. O segundo é nutrir a personalidade deles. O terceiro é ensiná-los a pensar criticamente. O quarto é prepará-los para as derrotas e dificuldades da vida. Agora, precisamos compreender que a melhor maneira de desenvolver todos esses hábitos é adquirir um quinto hábito: o de dialogar.

Aqui paramos o tempo para ouvir o que temos a dizer, mas está sequestrado dentro de nós; e para ouvir também não o que queremos escutar, e sim o que nossos filhos têm a dizer. Muitos adultos não conseguem estabelecer um grande diálogo porque têm medo de ouvir o que os seus jovens têm para falar.

Por favor, não cometa esse erro. Bons pais conversam sobre coisas triviais, enquanto pais brilhantes dialogam, falam aquilo que está nos solos do território da emoção, o segredo da sua história existencial. Conversar é falar sobre o mundo que nos cerca. Dialogar é falar sobre o mundo que somos. Dialogar é contar experiências, segredar o que está oculto e o que nós não temos coragem de dizer. Claro, você não vai precisar contar todos os detalhes da sua vida para os seus filhos, mas tenha certeza de que, se você observar a sua biografia, vai encontrar muitas coisas importantes, até mesmo em suas lágrimas. Suas crises e dificuldades podem ser um instrumento vital para formar janelas *light*, saudáveis, para que o Eu dos seus filhos, e também dos seus alunos, seja resiliente, seguro, forte, capaz de suportar contrariedades e escrever os capítulos mais importantes quando passar pelos vales do estresse e da ansiedade.

Devemos cultivar o hábito de nos reunir pelo menos uma vez por semana com os nossos filhos, ao redor da mesa, no momento de uma das refeições, por exemplo, e abrir a pauta para que eles falem das suas inquietações, das suas dificuldades, até mesmo das dificuldades que têm conosco. Os pais devem construir uma nova agenda, uma agenda inteligente na qual a família moderna deixa de ser um grupo de estranhos e se torna um grupo de parceiros, colaboradores, que trabalham para que cada membro da família seja realizado, feliz e saudável.

Seja bem-vindo a uma família que se torna uma poesia em uma sociedade onde estamos cada vez mais próximos fisicamente, mas muito distantes interiormente. Se os pais nunca contaram para os filhos os seus mais importantes sonhos e também pesadelos, como eles aprenderão a sonhar? E a lidar com as intempéries da vida? Se nunca ouvirem deles quais foram as suas maiores alegrias e suas mais importantes decepções, como eles aprenderão a ter resiliência?

Como terão segurança e capacidade de transformar momentos tristes em maturidade, em crescimento, em ousadia? Sinceramente, a família moderna está doente porque nós respiramos o mesmo ar, nos alimentamos dos mesmos nutrientes biológicos, mas não sabemos trocar experiências de vida, nos nutrir com alimentos solenes que fazem da vida um espetáculo único e imperdível, e não um espetáculo de estresse.

Muitos jovens são agressivos e rebeldes, e os pais não percebem que eles estão gritando através de seus conflitos. Os comportamentos inadequados, muitas vezes, são clamores que quase imploram a presença dos pais, ou seja, a *sua* presença, o *seu* carinho, a *sua* atenção, o *seu* diálogo. Muitos sintomas psicossomáticos, tais como dores de cabeça ou dores abdominais, também são gritos silenciosos dos filhos, clamando: "Por favor, pais, me ouçam".

Eu tenho um projeto que se chama Escola da Inteligência, no qual nós educamos a emoção dos nossos alunos para desenvolver as mais importantes habilidades: aprender a se colocar no lugar do outro, a trabalhar perdas e frustrações, a filtrar estímulos estressantes, a proteger a emoção para prevenir transtornos emocionais.

O programa Escola da Inteligência entra na grade curricular uma aula por semana, dentro da escola do seu filho. Assim como você está sendo treinado através deste livro. No coach de gestão da emoção para ter ferramentas para formar mentes brilhantes com emoções saudáveis, o seu filho também pode diretamente, na escola que ele frequenta, uma vez por semana, aprender a desenvolver habilidades socioemocionais, para que deixe de ser um espectador passivo e aprenda a lidar com a vida complexa.

Para encerrar este capítulo, quero encorajar você a desligar a televisão uma vez por semana e conversar com seus filhos. Ou melhor, não desligue apenas a TV, desligue o seu smartphone também, porque é quase inacreditável que pais e filhos estejam diante um do outro, mas conectados com o celular, não conectados com a emoção um do outro. Eles estão próximos e infinitamente distantes; como lhe disse, são um grupo de estranhos. Inclusive, há mães que mandam mensagens para os seus filhos através do celular informando que estão em casa, porque o diálogo está morrendo; irmãos, na frente um do outro, em vez de dialogar, de falar dos seus problemas, das suas aventuras e dos seus sonhos, mandam mensagens curtas. Conectam-se digitalmente, mas não sabem se conectar emocionalmente. Por favor, desligue o celular uma vez por semana, a televisão uma vez por semana. Separe meia hora para blindar a inteligência socioemocional, para que vocês se conectem um com o outro, para que falem aquilo que talvez até hoje não tiveram coragem de falar; para que vocês tenham liberdade, inclusive, para chorar e transformar lágrimas em sabedoria, perdas em ganhos, crises em oportunidades únicas para desenvolver maturidade.

HÁBITOS DOS PAIS BRILHANTES

PARTE 3

Abraçar, beijar e falar espontaneamente com os filhos cultiva a felicidade, rompe os laços da solidão, em uma sociedade em que pais e filhos não são amigos, não penetram no mundo um do outro. Assim, a depressão, a ansiedade e outros transtornos emocionais encontram o meio de cultura ideal para crescer, haja vista que, segundo a Organização Mundial de Saúde, o Brasil é o país que mais tem transtorno ansioso do mundo. A autoridade dos pais e o respeito por parte dos filhos não são incompatíveis com a amizade mais profunda; pelo contrário. Por um lado, você não deve ser permissivo nem um joguete na mão das crianças e dos adolescentes, mas, por outro, você deve procurar ser um grande amigo, compreender o que está por trás da cortina dos comportamentos deles. Estamos na área da admiração. Seus filhos tendem a ter admiração por você; se não admirarem você, não vão respeitá-lo nem amá-lo de maneira profunda. Os seus filhos o admiram? Ou você é apenas uma pessoa suportável? Você é um manual de regras ou alguém que inspira, seduz, atrai, cativa as crianças e os adolescentes de sua casa?

Se apenas criticar erros, elevar o tom de voz, ou se for uma pessoa entediante, chata, que só passa sermões, tenha certeza de que você nunca será admirável. Por isso é muito importante que você aprenda a cultivar o mais notável de todos os hábitos: o hábito do diálogo. Todos os dias, pergunte aos seus filhos como eles estão, pergunte como você pode contribuir para que eles se tornem mais felizes e se sintam mais seguros. Agradeça-lhes por existirem. Diga-lhes: "Filho, você não é um número aqui nesta casa, você é insubstituível. Eu te amo, você é vital na minha história". Tenho certeza de que isso vale mais do que dar a eles todo o ouro do mundo. Esse hábito contribui para desenvolver a criatividade, a perspicácia, o raciocínio esquemático e a capacidade de encontrar soluções em situações de tensão.

Veja como esse hábito dos pais brilhantes é fundamental. Bons pais são ótimos para dar informações; pais brilhantes são agradáveis, são contadores de histórias, eles inspiram os seus filhos. Você inspira seus filhos? Quer ser um pai ou uma mãe brilhante? Não apenas tenha o hábito de dialogar, mas também o de contar histórias. Ao dialogar, você transfere o capital das suas experiências, penetra em camadas mais profundas. Ao contar histórias, você usa metáforas para ensinar, liberta o imaginário, estimula os seus filhos a ter um raciocínio complexo. Isso desenvolve a afetividade, a criatividade e a ousadia.

Mesmo que você seja desajeitado, conte histórias para os seus filhos. Contar histórias amplia o mundo das ideias, areja a emoção e diminui os níveis de tensão e ansiedade. Ensine muito falando pouco, ensine com metáforas, ensine com histórias. Os jovens apreciam pessoas inteligentes. Para ser inteligente, não é necessário ser um

Pais brilhantes estimulam os filhos a vencer seus temores, a viver com suavidade e relaxamento, são contadores de histórias, são seres humanos tão surpreendentes que se tornam bem-humorados.

intelectual, um cientista, nem ter a mais notável cultura acadêmica; basta criar histórias, ser inventivo, inserir experiências de vida dentro dessas histórias. Muitos pais têm a mente engessada, acham que não são criativos, agem do mesmo jeito, reclamam do mesmo jeito, corrigem do mesmo jeito. Eu não recomendo que ninguém tenha alergia, mas uma alergia todos os pais deveriam ter: alergia a ser chatos, alergia a ser repetitivos, alergia a não encantar seus filhos.

Pense comigo em quantas vezes nem você mesmo suporta o seu maneirismo, o seu jeito fechado de ser. Como quer que seus filhos o ouçam e o admirem? Não grite, não agrida, não revide com agressividade, não seja chato e repetitivo. Se você fala uma vez, está ótimo; se fala duas vezes, você é razoavelmente repetitivo; se fala três vezes, você é uma pessoa que causa asco àqueles que estão ao seu redor. Você não vai ter impacto se falar quatro ou cinco vezes a mesma coisa. Se você é uma mãe ou um pai repetitivo, tenha certeza de que o seu comportamento é tão entediante que, quando você abre a boca, o seu filho já fechou o circuito da memória. Isso detona o gatilho, abre uma janela *killer*, então o volume de tensão fecha o circuito da memória e ele não vai mais ouvir. Portanto, seja inventivo; você pode educar muito se desgastando pouco. Pais brilhantes estimulam seus filhos a vencer seus temores, a viver com suavidade e relaxamento, são contadores de histórias, são seres humanos tão surpreendentes que se tornam bem-humorados. Eles criam um clima agradável, no qual os erros, as dificuldades, os tropeços são tratados de maneira inteligente.

Agora quero lhe apresentar o último hábito dos pais brilhantes, para terminar este importantíssimo capítulo. Esse hábito contribui para desenvolver apreço pela vida. Veja bem, nada é tão belo como o apreço pela vida; como a esperança, a perseverança, a motivação, a determinação; como a capacidade de se questionar, de superar dificuldades e transformar dias tristes em experiências inesquecíveis, prazerosas, úteis. Bons pais são tolerantes com alguns erros dos seus filhos, mas pais brilhantes vão além, jamais desistem dos filhos, mesmo que eles os decepcionem centenas de vezes. O mundo pode não apostar nos nossos filhos porque às vezes eles são ansiosos, irritadiços ou tensos; mas nós jamais devemos perder a esperança de que eles podem, e devem, se tornar grandes seres humanos. Pais brilhantes são semeadores de ideias, e não controladores de comportamentos, que criticam muito ou elevam o tom de voz, que repetem incansavelmente os mesmos assuntos. Pais brilhantes semeiam no solo da inteligência dos seus filhos: crianças e adolescentes que esperam com paciência que essa semente germine. Durante a espera pode haver desilusão, angústia e ansiedade, mas, se as sementes são boas, tenha certeza de que um dia haverá uma floresta, você vai desenvolver a ecologia da emoção. Um pai brilhante nunca desiste do seu filho. Um pai que é apenas bom, que é apenas alguém que aponta falhas quando o filho erra, uma, duas, três, dez vezes, perde completamente a estribeira, não tem controle, apela, chantageia. Ele diz "Você só me decepciona, eu já disse tantas vezes, você errou de novo". Ele se torna indelicado, formador de janelas *killer*, e não de janelas *light*. Para formar mentes brilhantes com uma emoção saudável, devemos ver o que ninguém vê, enxergar o tesouro soterrado nos rústicos solos do coração emocional de nossos filhos. Devemos semear com paciência e colher com perseverança.

Para formar mentes brilhantes com uma emoção saudável, devemos ver o que ninguém vê, enxergar o tesouro soterrado nos rústicos solos do coração emocional de nossos filhos.

A tarefa de educar não é fácil. Antigamente, os pais eram autoritários; hoje, os filhos o são. Em outros tempos, os professores eram os heróis dos alunos; hoje, são vítimas desses alunos. Os computadores são os heróis, a internet, as redes sociais. Os jovens desvalorizam pais e professores, mas, se soubermos cativá-los, se formos inspiradores, libertarmos o imaginário, se contarmos histórias, se libertarmos a capacidade de ensinar por metáforas e por exemplos... Devemos mostrar que a vida é um grande teatro e que eles devem sair da plateia e subir no palco, assumir o papel solene de ator principal, não ter medo da vida, ter medo, sim, de não viver intensa e inteligentemente. Ou seja, se usarmos exemplos, metáforas e imaginação, certamente inspiraremos os nossos filhos a desenvolver as mais importantes habilidades. Como eu disse anteriormente, vamos desenvolver perseverança, ousadia, capacidade de surpreender, capacidade de criar, criar pensamentos, construir ideias, que levarão nossos filhos, quando forem universitários, e sua carreira a serem extremamente valorizados. Vamos incentivar nossos filhos a encantar o meio ambiente e a não serem jovens tímidos e inseguros que têm medo de construir novas ideias e da crítica. Seja bem-vindo, seja bem-vinda à educação do século XXI: a educação que forma mentes brilhantes com emoção saudável.

PROFESSORES FASCINANTES

PARTE 1

Você sabe a diferença entre um bom professor e um professor fascinante? Neste capítulo eu vou mostrar para você alguns hábitos fundamentais que diferem um professor comum de um professor que faz a diferença no teatro da educação, um professor fascinante. Para entender a mente dos alunos hoje, é preciso entender a Síndrome do Pensamento Acelerado, SPA. Eu tive o privilégio de descobrir essa síndrome e a infelicidade de saber que grande parte da população mundial é acometida por ela. Ela foi descrita em meu livro *Ansiedade: como enfrentar o mal do século*, que tem sido um dos livros mais lidos nesta década.

A televisão e a internet oferecem um excesso de estímulos que contribui fortemente para a SPA, e as consequências dessa hiperestimulação são graves. Os educadores perdem a capacidade de influenciar o mundo psíquico dos seus alunos porque eles são agitados – inclusive simulam a hiperatividade sem ter a hiperatividade. Na verdade, o que eles têm é a Síndrome do Pensamento Acelerado. Com isso, os gestos e as palavras dos professores não têm impacto emocional. As crianças e os adolescentes não sofrem um arquivamento privilegiado, ou seja, conselhos, orientações ou intervenções dos professores e dos pais não chegam a formar janelas *light*, janelas que levam os alunos e filhos a usar e modular sua personalidade para desenvolver características nobres, como pensar antes de agir, colocar-se no lugar do outro, trabalhar perdas e frustrações, e assim por diante.

Você deve saber que, muitas vezes, os educadores precisam gritar para obter o mínimo de atenção em sala de aula, mas isso não está correto. Há técnicas que podem ser utilizadas para conquistar o território da emoção das crianças e dos jovens. A SPA é uma compulsão por novos estímulos, e, na tentativa de aliviá-la, gritar, elevar o tom de voz, pressionar, chantagear e comparar são técnicas inadequadas, e até mesmo criminosas, que geram janelas *killer* e não produzem janelas *light*, incapazes de levar o Eu dos alunos a ser autor da sua própria história. Então, querido professor, profissional que eu imputo de o mais importante do teatro social, é com segurança que lhe afirmo: bons professores são eloquentes, mas professores fascinantes conhecem o funcionamento da mente, sabem como desatar as armadilhas da emoção. Bons professores têm uma boa cultura acadêmica, transmitem com eloquência as informações em sala de aula; já professores fascinantes procuram conhecer como se constroem os pensamentos, como proteger a emoção, para que seus alunos deixem de ser vítimas e se tornem protagonistas da própria história. Para esses professores, cada aluno não é mais um número na sala de aula, mas um ser humano complexo e insubstituível, com particularidades próprias. Os professores fascinantes transformam a informação em conhecimento, e o conhecimento, em experiência, caso contrário, a informação é estéril. Eles sabem que apenas a experiência é registrada de maneira

Bons professores são eloquentes, mas professores fascinantes conhecem o funcionamento da mente, sabem como desatar as armadilhas da emoção.

privilegiada nos solos da memória e que somente a experiência cria janelas *light*, como avenidas na memória, capazes de transformar a personalidade de forma saudável. Essas janelas *light* são capazes de elevar a tolerância e a generosidade, desenvolver a paciência, a capacidade de empatia, que é a habilidade de se colocar no lugar do outro, ou então pensar antes de reagir. Ou seja, professores fascinantes sempre trazem informações que criam experiências para a vida dos alunos, não são profissionais que apenas expressam informações, mas que dão lições de vida.

O segundo hábito dos professores fascinantes se refere ao método de ensino. Bons professores têm metodologia; já os professores fascinantes têm sensibilidade. Bons professores são didáticos; professores fascinantes têm a habilidade de falar ao coração dos seus alunos. Agora quero lhe falar sobre um terceiro hábito dos professores fascinantes: eles educam a emoção. Esse hábito dos professores fascinantes contribui para desenvolver a segurança, a tolerância, a solidariedade, a riqueza da perseverança, a proteção contra os estímulos estressantes e a inteligência emocional e interpessoal.

Bons professores ensinam os alunos a explorar o mundo em que estão por meio da matéria que ensinam, mas professores fascinantes ensinam os alunos a explorar o mundo que são, o seu próprio ser. Por isso pergunto a você: quais são os fantasmas que o assombram? Quais são os medos que o controlam? Você tem medo de falar em público? Tem medo de levantar as mãos e fazer perguntas? Sinta-se livre para questionar a si mesmo, desafie-se a desfrutar do conhecimento, a ser autônomo, a ser protagonista da sua própria história. Professores fascinantes sabem que trabalhar com a emoção é mais complexo do que trabalhar com os mais intrincados cálculos da física e da matemática. Eduque a emoção com inteligência. Mas o que é educar a emoção? É estimular o aluno a pensar antes de reagir, instigá-lo a não ter medo do medo, torná-lo líder de si mesmo, é mostrar-lhe como filtrar os estímulos estressantes, é contribuir para ele ser autor da própria história.

Você não tomaria água suja, mas água filtrada. Entretanto, é quase inacreditável que crianças, adolescentes e adultos do mundo todo, mesmo nas melhores universidades, como Harvard e Oxford, não aprendem a filtrar os estímulos estressantes. E como seria isso? Doar-se diminuindo a expectativa do retorno; aprender a não ser um agiota da emoção, ou seja, cobrar demais dos outros e cobrar demais de si; desenvolver a arte do perdão em vez de nutrir sentimentos como a raiva e o desejo de vingança, o ódio e a exclusão; entender que, por trás de uma pessoa que fere, há uma pessoa ferida. Esses são alguns exemplos do que é filtrar estímulos estressantes.

Sinceramente, se os seus alunos, bem como os seus filhos, aprendessem essa ferramenta, tenha certeza, grande parte das doenças mentais não existiria. Muitas pessoas violentas se tornariam poetas, teriam tempo para escrever poesias, porque seriam muito mais saudáveis. Educar a emoção é também nos doarmos sem medo de que os alunos ou os filhos nos decepcionem. Educar a emoção é ser fiel à sua própria consciência, é contemplar o belo, é extrair o prazer dos pequenos estímulos da existência.

Eu, como psiquiatra, psicoterapeuta e autor do primeiro programa mundial de coach de gestão da emoção e de treinamento da gestão da emoção, já tratei de celebridades internacionais, de pessoas milionárias, bilionárias. Vi muitos miseráveis morando em palácios porque nunca educaram a sua emoção para filtrar

Educar a emoção é
ser fiel à sua própria
consciência, é
contemplar o belo, é
extrair o prazer dos
pequenos estímulos
da existência.

estímulos estressantes, para dar um choque em cada pensamento perturbador, para duvidar, questionar, criticar e determinar aonde querem chegar. São pessoas cuja emoção é terra de ninguém, para as quais uma ofensa estraga o dia, uma crítica estraga a semana. Se isso está acontecendo com os seus alunos e seus filhos, e eu diria que está em todo o mundo, é porque eles não têm proteção emocional. Você pode estar acertando no trivial, dando informações, mas não é o essencial. É preciso estimular os seus alunos e seus filhos a educar a emoção para não serem escravos vivendo em sociedades livres. Muitos professores não sabem, mas estão formando mentes irritadiças, tensas e ansiosas, porque não sabem levar os seus alunos a navegar nas águas da emoção. São jovens que cobram demais, são excessivamente tímidos, parecem autoritários quando estão diante dos seus pais, parecem que são seguros diante dos seus professores. Mas, quando são colocados em uma situação nova, travam a inteligência, não conseguem debater ideias, expressar os pensamentos nem negociar, não são capazes de usar uma queda, um vexame, uma vaia como uma oportunidade criativa para serem mais fortes, inteligentes, lúcidos, criativos e empreendedores.

PROFESSORES FASCINANTES
PARTE 2

Seguimos falando sobre a educação da emoção, a educação que forma mentes brilhantes. Bons professores usam a memória como depósito de informações, ao passo que professores fascinantes a usam como suporte da arte de pensar. Como? Professores fascinantes vão além de ensinar o conteúdo programático estabelecido pelo MEC. Eles têm como objetivo fundamental ensinar os alunos a serem pensadores, e não repetidores de informações. Esse hábito faz a diferença no teatro social, pois contribui para desenvolver o pensamento crítico, a arte de pensar antes de agir, de expor e não impor as ideias, a consciência crítica, a capacidade de debater, de questionar, e a preciosa habilidade de trabalhar em equipe. A educação clássica transformou a memória em um banco de dados. Um grande erro. A memória não tem essa função, afinal, grande parte das informações que recebemos nunca será recordada. Ocupamos um espaço precioso da memória com informações pouco úteis e até inúteis.

Há professores e psicólogos que juram que existem lembranças puras, mas, quando estudamos a última fronteira da ciência no mundo onde nascem os pensamentos e onde o Eu se torna autor da própria história, percebemos que não há lembrança pura. Por quê? Toda vez que acessa o passado, você vivencia um estado emocional e motivacional, inserido em um ambiente social, e já acrescentou algumas experiências à sua memória; ou seja, você mudou a essência do que é. Ao acessar a memória, esses fatores citados interferem no processo de interpretação, por isso não há lembrança pura das informações em destaque, das experiências sociais e emocionais. Portanto, o objetivo máximo da educação não deve ser fazer com que os alunos repitam informações tal qual os computadores o fazem, mas que desenvolvam a consciência crítica, que se reinventem, ousem, empreendam, ou seja, que eles possam ser protagonistas da sua própria história.

Quando nos entendemos e estudamos a última fronteira da ciência, identificamos que, ao realizar um resgate de informações, elas são distorcidas por fatos que estão ligados aos sentimentos. Por exemplo, se está tenso ou ansioso, você constrói pensamentos com uma qualidade; se está alegre ou motivado, constrói pensamentos com outra qualidade; se o ambiente social em que você se encontra o aplaude, você desenvolve uma consciência crítica e uma coordenação das ideias com uma determinada qualidade, mas, se o ambiente é hostil, há pressões, rejeições, risco de vida, então a leitura da memória compromete a confecção das cadeias de pensamentos e do elo das ideias.

Esse é o motivo pelo qual você, professor, tem de entender a mente dos seus alunos. Você deve se tornar mestre da vida, e não um profissional cujo objetivo é bombardear o córtex cerebral dos alunos para que eles assimilem e repitam exatamente as informações que são transmitidas. Preste atenção nas provas escolares: elas deveriam estimular os alunos a construir consciência crítica. Mesmo se um aluno errou alguns dados, mas você observou que ele desenvolveu um raciocínio complexo, usando a intuição, a inventividade e a ousadia, isso deveria contar como elemento para aprovar ou para destacar esse aluno. As provas deveriam ser abertas, promover a criatividade, estimular o desenvolvimento do livre pensamento, cultivar o raciocínio esquemático, expandir inclusive a capacidade de argumentação dos alunos. Os testes e as perguntas fechadas deveriam tanto quanto possível ser evitados ou pouco usados. Nas provas escolares, reitero, deveríamos valorizar outros elementos além da repetitividade dos fatos. Assim, com certeza você estará usando a memória como um canteiro para desenvolver o pensamento crítico, e não para que seus alunos sejam imagem e semelhança dos computadores, repetindo informações e não desenvolvendo autonomia, que era o grande sonho de Paulo Freire. O deleite do prazer de aprender, que era o grande sonho de Platão. Um *self* criador, que era o grande sonho de Adler. Uma mente expansiva, criativa, inventiva, que era o grande sonho de Vygotsky. E um Eu como autor da própria história, que é meu grande sonho, através da Teoria da Inteligência Multifocal, que estuda os fenômenos que estão na base da construção do pensamento, ou seja, a última fronteira da ciência.

Bons professores são mestres temporários; professores fascinantes são mestres inesquecíveis. O que você quer ser? Um mestre temporário, lembrado apenas no período das provas? Ou um mestre inesquecível, porque transmitiu experiências de vida, instigou, provocou seus alunos a se interessarem? Um bom professor se preocupa com as notas dos seus alunos. Um professor fascinante vai além, ele se preocupa em transformar seus alunos em engenheiros de novas ideias. Estimule-os a gerenciar seus pensamentos, a impugnar cada pensamento perturbador, por exemplo, através da técnica do DCD: duvidar, criticar e determinar. A dúvida é o princípio da sabedoria na filosofia, a crítica é o princípio da sabedoria na psicologia e a determinação estratégica é o princípio da sabedoria na área de recursos humanos.

Todos os dias, no silêncio da mente humana, assim como nós utilizamos o Programa Escola da Inteligência para desenvolver a educação da emoção e para prevenir transtornos emocionais e desenvolver a complexidade global da inteligência, você, professor, mesmo que a sua escola ainda não aplique o Programa Escola da Inteligência, você pode ser um mestre da educação da emoção, você pode ensinar a técnica do DCD, estimulando os seus alunos no silêncio da mente a duvidar de tudo que os controla. Incentive-os a criticar cada ideia perturbadora e cada emoção angustiante. Por exemplo, eu duvido do meu complexo de inferioridade; eu critico o meu sentimento de culpa, critico a minha angústia, critico o fato de viver em função de quem me ofendeu, de quem causou *bullying*; eu determino estrategicamente ser feliz, forte, protagonista; eu determino gerir a minha emoção. Se você ensina aos seus alunos a técnica do DCD, você está estimulando-os a ter proteção emocional. E quantos seres humanos têm proteção emocional?

O que você quer ser? Um mestre temporário, lembrado apenas no período das provas? Ou um mestre inesquecível, porque transmitiu experiências de vida, instigou, provocou seus alunos a se interessarem?

Nós somos mais de 7 bilhões de seres humanos, mas, sinceramente, talvez não haja milhares de seres humanos que aprenderam ferramentas mínimas para proteger a emoção. E eu espero que, com a técnica do DCD, que é uma técnica de ouro da gestão da emoção do coach de gestão da emoção, do treinamento para filtrar estímulos estressantes, os seus filhos e alunos tenham mais habilidade de atuar como gestores da própria mente. Para que possam impugnar, discordar, confrontar tudo aquilo que os controla, tal qual um advogado no fórum o faz para proteger um réu para que não seja encarcerado. Você também tem a função e a responsabilidade de desatar os cárceres mentais e de levar os seus alunos a romper as amarras das armadilhas emocionais. Essa é a educação que estimula o ser humano a deixar de ser espectador passivo e se tornar diretor do seu próprio *script*.

Para prevenir transtornos emocionais e superar as suas mazelas, conflitos e dificuldades, apresento-lhe técnicas de treinamento. Elas não são essencialmente psicoterapêuticas, mas as complementam, para que psicólogos e psiquiatras brilhantes as possam usar em seus consultórios. Assim, a educação da emoção é preventiva e ao mesmo tempo auxilia os profissionais de saúde mental quando há um paciente, aluno ou filho com problemas para desenvolver um Eu resiliente, um Eu gestor, um Eu crítico, um Eu que não é servo das suas mazelas e misérias, que não é escravo de seu passo, um Eu que deixa de ruminar perdas, mágoas e frustrações. Portanto, você tem uma ferramenta vital como um professor fascinante para aplicar em si a técnica da mesa redonda do Eu e também tem uma ferramenta vital para que seus alunos ali sentados possam aplicar ao longo da sua vida e, consequentemente, escrever os capítulos mais importantes da sua história nos momentos em que o mundo desaba sobre eles. Um forte abraço.

E lembre-se: só conseguimos construir o futuro se temos coragem de enterrar o passado e nos reinventar quando falhamos, quando erramos. Enterrar o passado não é negá-lo, escondê-lo, excluí-lo, mas trabalhá-lo e reciclá-lo como nutriente vital para enriquecer a ecologia da emoção e ali acessar os papéis do eu como diretor do *script* da nossa mente.

O PAPEL DA MEMÓRIA

PARTE 1

Vamos conversar agora sobre a memória. A memória é o terreno onde é cultivada a educação, é uma caixa de segredos da personalidade. Mas será que a ciência desenvolveu os principais segredos ou papéis da memória?

Milhões de pais e professores do mundo todo, do Oriente ao Ocidente, têm usado os papéis da memória de maneira inadequada. Por quê? Porque não conhecem a sua função básica, porque não conhecem os bastidores da própria memória, não entendem a teoria das janelas da memória e os fenômenos que acessam os arquivos para construir cadeias de pensamentos, ideias, imagens mentais e fantasias. Como eu já ponderei anteriormente, não há lembrança pura, como sempre acreditamos que houvesse. Quando resgatamos uma memória, nós contaminamos o passado com o presente, com os nossos sentimentos e também com o ambiente social. O ambiente social em que estamos inseridos pode fazer com que tenhamos dificuldade para abrir as janelas da memória – por exemplo, se o ambiente é hostil, se há exclusão, pressão ou críticas atrozes; por outro lado, ele pode contribuir para a abertura das janelas da memória que nos permitem acessar milhões de dados para darmos respostas inteligentes, se o ambiente social é acolhedor, se os adultos não são extremamente críticos, se eles conseguem dar risadas de alguns erros, ser bem-humorados, enfim, se sabem viver de maneira suave, dançar a valsa da existência de maneira inteligente e agradável.

O registro da memória depende da vontade humana? Depende da sua consciência crítica? Do seu Eu? Sempre acreditamos sermos capazes de registrar o que queremos e quando queremos, mas esse é um falso conceito. Por exemplo, se você detesta alguém, se quer vê-lo a quilômetros de distância da sua história, sinto muito, mas ele vai dormir com você e perturbar o seu sono. Isso porque existe um fenômeno inconsciente, chamado RAM, Registro Automático da Memória, que arquiva esse desafeto em sua psique, em sua mente, e tudo o que tem alto volume de tensão, rejeição, dor, perda ou frustração será registrado de maneira privilegiada. Portanto, pais brilhantes e professores fascinantes têm de conhecer os papéis da memória para poderem alcançar com inteligência os seus filhos e alunos, para provocá-los para serem pensadores, e não repetidores de dados.

Outra questão: é possível deletar a memória? Não. Como já foi dito, tudo aquilo que tem alto volume de estresse faz com que a experiência seja registrada de maneira privilegiada. É por isso que, se eu pedir para você resgatar milhões de experiências do seu passado, você não conseguirá, mas certamente resgatará aquelas que foram imprimidas com alto volume emocional: aquelas em que houve apoio ou rejeição, segurança ou fobia, alegrias intensas (como o primeiro beijo, um diploma, aplausos de uma multidão) ou angústias e humor depressivo, etc. Portanto, a memória humana não é como a

Todas as vezes em que houver alta carga emocional, a informação ou experiência será inscrita nos subsolos da psique de maneira privilegiada.

dos computadores, cujo registro depende do usuário, da vontade do usuário, do Eu, daquele que opera a máquina. A memória humana não depende do nosso Eu; o registro é involuntário e automático e é operado em milésimos de segundo, por isso começaremos a dissecar os papéis da memória.

Há pelo menos cinco grandes papéis fundamentais na memória. Se eu reproduzir algumas palavras já ditas, peço que tenha humildade para refletir sobre elas, afinal estamos tratando de um assunto revolucionário, e, frequentemente, mesmo achando que sabemos, nós tropeçamos nesses papéis vitais tanto conscientes quanto inconscientes, pois eles estão na construção do saber, na base do aprender. O registro da nossa memória, como já vimos, é produzido por um fenômeno inconsciente – e eu tive o privilégio de detectá-lo (e talvez tenha sido o primeiro a fazer isso) –, o fenômeno RAM. Cada ideia que você produz, cada pensamento, momento de solidão, reação fóbica, período de insegurança é registrado na sua memória e fará parte da colcha de retalhos da sua história existencial.

Esse é o primeiro aspecto que você deve guardar: você não é senhor da sua memória, do registro nem do inventário; por isso, não odeie as pessoas, porque o ódio fará com que o seu desafeto, o seu suposto inimigo, possa ser registrado no centro da sua memória. Não queira se vingar, porque o sentimento de vingança faz mal ao hospedeiro. Tenha cuidado com o ciúme; quem tem crises de ciúme já perdeu a autoconfiança. Sabe qual é o conceito mais moderno de ciúme, de acordo com o programa de gestão da emoção? Ciúme é saudade de si. Como? Eu exijo do outro aquilo que não dou para mim mesmo, eu exijo do outro o reconhecimento que não consigo dar para mim. Toda vez que um ser humano – isso cabe a você também – tem crises de ciúme, na verdade está sentindo saudade de si mesmo. Portanto, tenha consciência de que o fenômeno RAM está registrando todos os dias as suas mazelas e misérias, e isso pode fazer com que a paisagem da memória se torne desértica, sendo capaz de estrangular e asfixiar os seus oásis.

O segundo aspecto que quero apresentar é que a emoção determina a qualidade do registro. Já lhe disse e repito: todas as vezes em que houver alta carga emocional, a informação ou experiência será inscrita nos subsolos da psique de maneira privilegiada.

Certa vez, uma aluna contrariou a professora e, dias depois, teve um resultado ruim na prova. Aproveitando o ambiente, a mulher, sem conhecer os papéis da memória, fez um comentário muito infeliz à jovem, chamando-a de "gordinha desinteligente". Ela causou um desastre nos solos da mente dessa aluna, que registrou que era gordinha, esteticamente feia, não amada, não querida, e registrou também, na mesma janela *killer*, que era desinteligente. Toda vez que aquela menina de doze anos ia fazer uma prova, infelizmente ela não acessava as informações que aprendeu, as janelas que continham os dados que ela assimilou. O que ela acessava? A janela traumática, detonava o gatilho, abria a janela *killer*. O volume de tensão era tão grande que fazia com que a âncora da memória, o terceiro fenômeno, restringisse o campo de leitura da memória, desenvolvendo, assim, a Síndrome do Circuito Fechado da Memória.

O gatilho da memória (fenômeno inconsciente), a janela *killer* (segundo fenômeno), a âncora da memória (terceiro fenômeno) e o alto volume de tensão fecharam o circuito naquele momento. Com isso, ela não fazia mais a prova como os demais alunos, mas

Tenha consciência
de que o fenômeno
RAM está registrando
todos os dias as suas
mazelas e misérias,
e isso pode fazer
com que a paisagem
da memória se
torne desértica,
sendo capaz de
estrangular e asfixiar
os seus oásis.

sentia que a prova era como um predador, tal qual um leão na savana querendo devorar uma zebra. Pense nos graves conflitos que essa menina desenvolveu. A partir daí, ela começou a ter baixíssimo rendimento intelectual, a tal ponto que, em muitas provas, embora soubesse e a matéria, tirava zero. Ela se deprimiu, se puniu, se angustiou e, aos dezoito anos, infelizmente tentou o suicídio. Felizmente, essa menina não morreu, ela se tratou, mas teve danos ou sequelas importantíssimas. Esse exemplo mostra como, se pais e professores não tiverem conhecimento mínimo sobre os bastidores da mente humana, sobre a memória, mesmo que não percebam, podem causar sequelas graves, provocar presídios, cárceres emocionais que, se não tratados e reeditados, podem se perpetuar pela vida toda. Portanto, você, pai brilhante, professor fascinante, não aja de maneira ingênua e superficial na relação com seus filhos e alunos. Preocupe-se com o jardim da memória, preocupe-se com as suas ações e com as consequências dos seus comportamentos. Reflita se você está arquivando janelas *light* e saudáveis que estimulam a capacidade de pensar antes de reagir, de se colocar no lugar do outro, de trabalhar perdas e frustrações, de ousar e de empreender; ou se está formando janelas *killer*, traumáticas, doentias, que geram impulsividade, ansiedade, autopunição, autocobrança, medo do que os outros pensam e falam de si.

Este livro ensina a conhecer os bastidores do funcionamento da mente a fim de nos preparar para uma educação que faz a diferença, uma educação que estimula os nossos alunos a ser protagonistas da sua história, a terem uma mente brilhante capaz de proteger a memória dos estímulos altamente estressantes que podem encarcerá-los no único lugar em que jamais deveriam ser pioneiros: no território da emoção.

O PAPEL DA MEMÓRIA

PARTE 2

Chegamos ao segundo módulo da memória. Um capítulo vital. Vamos estudar alguns papéis fundamentais que estão no inconsciente, e também no consciente, que financiam a construção de pensamentos, o mundo das ideias, das imagens mentais, das angústias, as fantasias, as alegrias, os sonhos e os pesadelos. Onde são registradas as experiências e as informações que todos os dias nós aprendemos – seja nos livros, seja na escola, na relação com as pessoas? Em primeiro lugar, tudo é registrado na MUC. A MUC é a Memória de Uso Contínuo, é o consciente humano, ela representa cerca de 2% a 3% da nossa mente, ou seja, das regiões mais importantes do córtex cerebral. A MUC como centro consciente refere-se a milhões de dados facilmente acessados, a fim de que você os utilize para a construção de diálogos, debates, teses, enfim, para que produza os pensamentos mais emergentes.

A Memória de Uso Contínuo está disponível para crianças, adolescentes e adultos. As experiências de tensão são registradas no centro consciente; a partir daí serão lidas continuamente. Por exemplo, pense em uma pessoa que tem claustrofobia, ou seja, medo de lugares fechados. Quando ela entra no elevador, ainda que o Eu dela, a vontade consciente ou a consciência crítica, determine que ela não sofrerá angústias dentro do elevador, se o gatilho da memória, que é um fenômeno inconsciente, abre uma janela *killer* que tem o medo de o elevador parar, que tem a fantasia de que faltará oxigênio e ela morrerá asfixiada, isso fechará o circuito da memória. Ou seja, ainda que o Eu queira ser um herói, ele foi encarcerado por uma janela traumática. Por isso é muito importante desenvolver técnicas, como a do DCD – Duvidar, Criticar, Determinar –, que eu já ensinei, para que, no exato momento em que a pessoa entrar no elevador, ela duvide do controle do medo, duvide da fantasia de que o elevador vá parar, critique as ideias perturbadoras, determine ser forte. Mas não deve fazer isso usando a voz, para que os outros não se espantem ou se assombrem, e, sim, no silêncio de sua mente, tal como na metáfora do teatro: sair da plateia, entrar no palco e gritar solenemente: "Eu sou protagonista da minha história! Detesto esses pensamentos, duvido do controle deles e determino gerir a minha emoção, determino ser autor da minha história". Portanto, mais uma vez, a técnica do DCD é uma técnica da gestão da emoção que pode ser usada psicoterapeuticamente, pode ser vital para que o ser humano reedite as janelas traumáticas nos solos da MUC, na memória consciente.

Com o passar do tempo, as experiências existenciais vão sendo deslocadas para a periferia inconsciente. Eu chamo essa periferia inconsciente de "a grande base da memória", pois abriga talvez 98% de todas as experiências que nós arquivamos desde a aurora da vida fetal, também nomeada por mim de ME, ou Memória Existencial.

Em alguns casos, o volume de ansiedade ou de sofrimento pode ser tão grande que provoca um bloqueio da memória. Você detona o gatilho, mais uma vez o segundo fenômeno se abre, a janela *killer*, então a âncora da memória, o terceiro fenômeno, atua, fechando o circuito, causando claustrofobia ou fobia social, medo de trabalho em equipe, medo do futuro ou medo do que os outros pensam e falam de si. Se detonou o gatilho, abriu a janela errada, uma janela *killer*, o volume de tensão faz com que a âncora se fixe naquele momento, e você deixa de ser *Homo sapiens* e se torna *Homo bios*, instintivo. Seu aluno, ou seu filho, vai fazer birra, vai ter um comportamento agressivo capaz de causar espanto, mas, no fundo, não é mau, não é um garoto rebelde, não é uma criança que quer ser agressiva conscientemente. Na verdade, essa criança foi escrava da Síndrome do Circuito Fechado da Memória. Você, já adulto, quando é humilhado ou rejeitado, tem uma preocupação em relação ao futuro ou é contrariado, reage da mesma maneira como a criança que faz birra. Reflita sobre isso e nunca desista do seu filho ou do seu aluno, por favor, nunca se decepcione a tal ponto que não dê o melhor de si para quem você ama. Muitas pessoas ferem porque estão feridas, são escravas do gatilho que abre janela *killer*, a âncora se instala, fecha o circuito, e então reagem como um homem primitivo diante de uma serpente. São mecanismos instintivos que escravizam o Eu.

Normalmente, as experiências com alta carga emocional ficam disponíveis para serem lidas e geram milhares de novos pensamentos e emoções, e assim retroalimenta-se o conflito. Então uma pessoa que foi humilhada publicamente, ou que perdeu o emprego, ou que foi muito contrariada por alguém que ama muito desenvolveu uma janela *killer*. Se o Eu dessa pessoa não for autor da própria história, não quebrar essa corrente da Síndrome do Circuito Fechado da Memória, ela vai ler e reler aquela janela traumática; e, quanto mais lê, mais produz pensamentos destrutivos, mais é registrado pelo fenômeno RAM, expandindo o núcleo traumático. Esse é o mecanismo que todos os psicólogos do mundo todo deveriam saber, mas muitas vezes não tiveram a oportunidade de estudar. Todos os psiquiatras também deveriam conhecer, mas não tiveram oportunidade de estudar a teoria das janelas da memória na faculdade de medicina. Infelizmente, apenas aqueles que fazem pós-graduação, mestrado e doutorado têm a oportunidade de estudar mais sobre essas camadas mais profundas da mente humana. Mas todos nós deveríamos ter um conhecimento mínimo, não apenas para sermos gestores da nossa mente, mas também para levarmos nossos filhos e alunos a gerir sua própria mente.

Nos computadores, a tarefa mais simples é deletar ou apagar as informações. No ser humano, isso é impossível, a não ser quando há lesões cerebrais, como mal de Alzheimer, derrame, traumatismo crânio-encefálico ou tumor cerebral. Ou seja, quando há injúria física, é possível apagar os arquivos, mas, excetuando-se essas injúrias, é impossível o Eu deletar a memória. Você não pode apagar os dias mais tristes da sua vida; você não pode deletar as pessoas que o machucaram; você não pode, simplesmente, banir da sua história os seus traumas, eles participaram tanto da MUC, a Memória de Uso Contínuo, que é o consciente, quanto da ME, a Memória Existencial, que é o inconsciente. Por isso, todas as vezes em que você ou seus filhos e alunos tiverem uma recaída, ou seja, estiverem irados, tensos, ansiosos, tenha em mente que essa é uma oportunidade preciosa, não para deletar aquele arquivo doente, a janela *killer* que se abriu, mas para reeditar esse arquivo, para enxertar novas experiências nas janelas doentias.

Portanto, reafirmo: a única possibilidade de resolver os nossos conflitos é reeditar as janelas traumáticas, que estão nos bastidores da nossa mente, ou então construir janelas *light* paralelas ao redor do núcleo traumático. Todos os dias, você resgata fobias, impulsividade, crises ansiosas, e, com isso, começa a conversar com seus fantasmas mentais. Você faz a mesa redonda do Eu, que é uma técnica paralela ao DCD, quando resgata o medo de falar em público, sua timidez, mesmo que não esteja passando por uma crise de insegurança, quando não está diante de uma plateia, mas está no silêncio da sua mente e conversa consigo mesmo. Por que sou tímido? Por que sou escravo do que os outros pensam e falam de mim? Por que não sou autor da minha própria história? Dessa forma, você vai construindo janelas *light* ao redor do núcleo traumático. Você não está reeditando aquela experiência traumática, aquela janela *killer*, porque ela não está aberta, você não está diante de uma situação de risco, diante de uma plateia, mas você resgata e faz a mesa redonda do Eu. O seu Eu se reúne com os seus traumas e, pedagogicamente, você vai construindo janelas *light* saudáveis ao redor do núcleo traumático.

Agora, vou citar as duas grandes possibilidades para resolver conflitos, não importam as técnicas, se a partir de técnicas psicanalíticas, cognitivas, comportamentais, existenciais. Número um: reeditar a janela da memória, ou seja, enxergar novas experiências nos *loci* doentios. Número dois: construir janelas *light* saudáveis ao redor do núcleo traumático, através, por exemplo, da técnica da mesa redonda do Eu. Unir essas duas técnicas é vital para que o ser humano possa ser protagonista da própria história, prevenir transtornos emocionais, ousar, empreender, se reinventar, ou seja, escrever os capítulos mais importantes da sua existência profissional, social, afetiva nos momentos mais difíceis da sua história.

Muitas pessoas ferem porque estão feridas, são escravas do gatilho que abre a janela **killer**, a âncora se instala, fecha o circuito, e então reagem como um homem primitivo diante de uma serpente.

OS SETE PECADOS DA EDUCAÇÃO

Neste capítulo, vou lhes falar sobre um tema delicado: os erros que cometemos como educadores. Pais, professores, educadores de um modo geral, todos nós erramos. Sejamos sábios para reconhecer esses erros e aprender a transformar o caos em oportunidade criativa. Neste módulo, vou lhes apresentar sete erros, sete pecados capitais que cometemos na educação das crianças e dos adolescentes.

O primeiro dos pecados capitais é corrigir publicamente. Devemos elogiar em público e corrigir em particular. Um educador jamais deveria expor o defeito de uma pessoa, seja seu filho, seja seu aluno, por mais errático que ele seja. A exposição pública produz humilhação e traumas às vezes difíceis de serem superados. Um educador deve valorizar mais a pessoa do que o erro. Pais e professores só devem intervir publicamente quando o jovem ofendeu ou feriu outro alguém e, mesmo assim, devem fazê-lo com elegância e exaltar quem errou, dizendo o quanto ele é importante e, dessa forma, abrir o circuito da memória. Fale para um aluno que está no fundo da classe, que acabou de ter um comportamento agressivo: "Fulano, você não é apenas um número nesta classe, mas um aluno especial, e eu acredito que você vai brilhar ao longo da sua vida. Agora, pense no seu comportamento". Isso é totalmente diferente de elevar a voz, dizer ao aluno que ele não vai se tornar alguém na vida, porque tais atitudes arquivam janelas *killer*, ou traumáticas, às vezes inesquecíveis. Chamar a atenção, apontar a falha de alguém que nós amamos, de um funcionário, de um colega de trabalho ou até do(a) nosso(a) parceiro(a) diante dos outros sequestra o outro no único lugar em que ele deveria ser livre.

O segundo pecado capital é expressar a autoridade com agressividade. Não devemos ser educadores autoritários, e perceba que uma pessoa autoritária nem sempre é bruta ou agressiva, às vezes sua violência está disfarçada em uma delicada imutabilidade e teimosia, sempre repetindo comportamentos e broncas, expondo falhas das pessoas, até de maneira branda. Isso asfixia quem nós amamos, isso produz janelas traumáticas. Alguns filhos, quando estão irritados, apontam os erros dos pais e os provocam. Quantos pais não perdem a paciência ao ver seus filhos terem esse comportamento? Eles querem operar o cérebro dos filhos, usando aqueles erros estratégicos que nós comentamos, como elevar o tom de voz. Quem eleva o tom de voz já perdeu sua autonomia, sua generosidade, sua capacidade de educar.

Outro ponto: criticar excessivamente. Quem critica excessivamente arquiva uma quantidade absurda de janelas traumáticas, impedindo que os filhos e os alunos sejam espontâneos, seguros, empreendedores e ousados. Criticar excessivamente produz pessoas frágeis e tímidas, pessoas que no futuro não terão resiliência. Outro erro sério é repetir comportamentos. Não deveríamos ter nenhum tipo de alergia biológica, física, mas deveríamos ter uma

Muitos comportamentos notáveis passam despercebidos, porque o nosso cérebro é viciado em apontar falhas.

alergia emocional, alergia em ser chatos, repetitivos, dar a mesma bronca, fazer os mesmos questionamentos. Sentenciar nossos filhos e alunos com as mesmas ideias. Por favor, pai e professor, seja criativo ao corrigir seus filhos e alunos. E, como eu digo no livro *As regras de ouro de pais e professores*, que eu gostaria que você lesse e estudasse: no pequeno anfiteatro da sala de aula e da sala de casa, pais brilhantes deveriam induzir e estimular seus filhos a fazer a mais importante viagem, uma viagem para dentro de si mesmos, e aprender a proteger o mais delicado território: o território da emoção. Mas como eles ensinarão essa delicada arte se não aprenderam? Como levarão o Eu dos filhos e alunos a ser autor da própria história, se não têm autocontrole nos focos de tensão, se não conseguem ser protagonistas da própria história? Quando provocado pela irritação dos seus filhos e alunos, é preciso se questionar: "Quem vocês estão formando?" e "Quais erros capitais vocês estão cometendo?".

Os pais que impõem a sua autoridade são aqueles que têm receio das próprias fragilidades. Devemos expor, e não impor as ideias. Os limites devem ser colocados, como lhe disse, com segurança, inteligência e explicação, não com imposição, não com agressividade; ainda que as crianças e os jovens façam birras, seja altruísta, seguro, determinado. Por exemplo, você pode autorizar seus filhos de sete ou oito anos a usar o celular por uma hora, não mais que isso. Para um adolescente de doze ou treze anos, no máximo duas horas, no almoço ou à tardezinha. Não fique dando celulares a torto e a direito, sem limites, porque o excesso de uso de aplicativos, de uso de internet e redes sociais pode gerar dependência, às vezes nos níveis de algumas drogas muito sérias. Retire o celular de algum aluno ou filho por dois ou três dias, você vai ver sintomas da Síndrome de Abstinência: irritabilidade, humor depressivo, baixo limiar para frustração. A autoridade tem que ser colocada com segurança, firmeza, mas também com elegância e generosidade. Ainda que os filhos e alunos não aceitem inicialmente, se você explicar o motivo, as razões pelas quais está colocando esses limites, certamente construirá janelas *light* que os levarão a ser autores da própria história.

O terceiro pecado capital que pais e professores cometem com frequência é ser excessivamente punitivos. A criança não pode errar, que o adulto já aplica uma punição; não pode elevar o tom de voz, que o professor já critica; não pode brincar, fazer alguma bagunça na sala ou mesmo derrubar alguns objetos sobre a mesa ou até leite por descuido, que os pais dão uma bronca. Isso é péssimo. Adultos que são excessivamente punitivos, que estão sempre apontando falhas dos seus filhos e alunos, não estão preparados para formar pensadores, estão preparados para consertar máquinas, e não para formar mentes brilhantes. Desculpe, eu estou falando isso com muita seriedade, mas, tendo sido publicado em mais de setenta países, afirmo que porque no mundo todo esses erros capitais são cometidos. É por isso que nós estamos na era da ansiedade, na era da depressão, na era dos transtornos psicossomáticos. Haja vista que o índice de suicídio aumentou em 40% entre jovens de 10 a 15 anos. Só na capital paulista, São Paulo, para você ter uma ideia, o índice de suicídio entre jovens até trinta anos de idade aumentou em 42%. Isso é muito grave.

Por que, na era da indústria do lazer, os nossos filhos e alunos estão desistindo de viver? Nunca tivemos uma geração tão triste diante de uma indústria de entretenimento tão poderosa. E nós contribuímos, às vezes, para asfixiar a alegria dos nossos filhos e alunos, a leveza e a suavidade deles. Quando somos excessivamente críticos, damos broncas continuamente, somos autoritários; quando não os levamos a contemplar o belo, a fazer das pequenas coisas um espetáculo aos olhos; quando não transferimos o capital das experiências e não aplaudimos os seus acertos. Nós, como pais e professores, devemos, em primeiro lugar, elogiar, celebrar os acertos dos nossos filhos e alunos. Muitos comportamentos notáveis passam despercebidos porque o nosso cérebro é viciado em apontar falhas. Por favor, eu gostaria que você reciclasse esse comportamento para se tornar um pai ou uma mãe brilhante, para se tornar um professor ou uma professora fascinante.

O quarto erro capital é falar, corrigir ou expressar ideias quando se está irado. Por favor, entenda: ao demonstrar raiva, ódio, impaciência, intolerância, você não corrige, por mais que esteja correto; e, por mais que o seu filho ou aluno esteja errado, você produz janelas *killer,* traumáticas, e não janelas *light.* Lembre-se de que o fenômeno RAM registra tudo automática e involuntariamente, mas registra de maneira privilegiada aquilo que tem mais alto volume emocional. E a raiva, o ódio, o sentimento de vingança, a impaciência, a intolerância têm um volume de tensão absurdo, que faz com que os seus filhos e alunos arquivem você de maneira distorcida e doentia. Nos trinta primeiros segundos de tensão, nós arquivamos janelas traumáticas, e elas se tornam inesquecíveis.

Sabendo disso, pense antes de reagir, faça o silêncio proativo. Quando for contrariado, quando um filho mais uma vez for teimoso ou um aluno tiver um comportamento rebelde, pare, respire, entre em si mesmo e faça o silêncio proativo, não um silêncio subserviente, submisso, tímido, em que você se cala com medo ou com raiva. Na verdade, ao fazer o silêncio proativo, você ataca os seus pensamentos perturbadores, não o outro; você critica o núcleo de tensão, recicla as ideias angustiantes, o sentimento de indignação. Você se torna autor da sua própria história. Como? Você se bombardeia. Quem me ofendeu? Por que me ofendeu? Em que circunstância me ofendeu? Devo eu ser escravo do meu ofensor? Quando você faz isso na relação com os seus filhos, com seus alunos, ou parceiro(a), o seu Eu deixa de ser escravo e passa a ser líder de si mesmo. Não é a dor das palmadas que vai estimular a inteligência das crianças e dos jovens. Ao mostrar-lhes que você está triste quando eles erram, com frases como: "Filho, eu te amo muito, mas você me machucou", "Aluno, você é especial para mim, mas o seu comportamento me feriu", você os leva a ter empatia, a registrar janelas *light* para aprenderem a se colocar no seu lugar.

As técnicas de gestão da emoção citadas nesta obra são arrebatadoras. Podem alcançar mesmo filhos aparentemente rebeldes, crianças hiperativas ou com a Síndrome do Pensamento Acelerado, que estão cansadas, com dores de cabeça e dores musculares, irritadas, sem paciência com seus pares e que não sabem se colocar no lugar do outro. Quando você usa a técnica da teatralização da emoção, em que mostra que está triste, mas antes os elogia, certamente você vai produzir janelas *light* inesquecíveis. Relembrando, o quarto pecado capital é saber colocar limites sem dar explicações. Lembre-se, o objetivo de colocar limites não é oprimi-los, mas levar o Eu do seu filho e aluno a ser autor da própria história. O objetivo não é fazê-los sentir-se pequenos, humilhados ou diminuídos,

Educar é semear
com paciência
e colher com
perseverança.

mas, sim, que sejam seres humanos grandes, apaixonados pela vida, empáticos, que sabem se colocar no lugar do outro.

O quinto pecado capital que cometemos com frequência na relação com os nossos filhos e alunos é ser impaciente. Educar é beber da fonte da paciência, mas, nos dias atuais, infelizmente, os pais e professores também são acometidos pela Síndrome do Pensamento Acelerado. Veja bem, uma criança de sete anos de idade tem mais informação que um imperador romano. Não é suportável. Se as crianças já estão assim, imagine os adultos, abarrotados de dados, com excesso de preocupação e de trabalho. Isso acelera a construção de pensamentos, e os pais e os professores acabam não elaborando as suas experiências, não protegendo a sua emoção e não filtrando estímulos estressantes. Por isso eles se irritam facilmente com seus filhos e alunos.

Você, pai, mãe, professor e professora: contemple o belo, faça muito das pequenas coisas, converse com as flores, faça programas sociais, relaxe, resgate os seus sonhos, não seja uma máquina de trabalhar, não seja uma máquina de atividades. Você é um ser humano e sabe que a vida é brevíssima para se viver e longuíssima para se errar. Beba da fonte da paciência. Mas como ter paciência com os outros se você não tem paciência consigo? Se você não investe na sua qualidade de vida, se você não faz dos pequenos estímulos da rotina diária um espetáculo aos olhos, se, quando entra na sala de aula, já tremula de ansiedade, se, quando tem um embate com seu filho, em vez de relaxar e dar risadas, você já reage a ferro e fogo? Não é possível. Educar é semear com paciência e colher com perseverança. Mais uma vez eu repito: são seus filhos, às vezes difíceis, arredios e que você acha teimosos, que testam a grandeza do seu amor e da sua paciência, do seu limiar para frustrações. São seus alunos, aparentemente irritadiços e insuportáveis, que testam o seu humanismo, a sua capacidade de educar com grandeza e sabedoria no teatro da sala de aula. Por favor, não desista de nenhum filho e de nenhum aluno. Às vezes, os filhos e os alunos que mais lhe dão dores de cabeça, se receberem o investimento do que você tem de melhor, serão um dia os que lhe darão mais alegrias.

O sexto pecado capital é não cumprir com a palavra. Vou lhe contar uma história: havia uma mãe que não sabia dizer não ao filho. Como não suportava as reclamações e birras do menino, ela queria atender a todas as necessidades e reivindicações dele, mas nem sempre conseguia. E, para evitar transtornos, ela prometia o que não podia cumprir. Você promete o que não pode cumprir? As relações sociais são um contrato assinado no palco de nossa mente; não quebre as cláusulas desse contrato. Não diga que sim e depois fale não. Não diga que permite e depois volte atrás. É melhor você aprender a falar não com inteligência, com explicação, do que você falar sim e não. Seja honesto com os jovens, não cometa essa falha capital. Cumpra o que prometer; se não puder, diga não com segurança. Mesmo que seu filho faça birra, mesmo que às vezes ele se atire no tapete e comece a bater as mãos, tendo uma crise de ansiedade. Não tenha medo, não caia na chantagem dos seus filhos nem seja a plateia deles. Às vezes, é melhor você sair de cena do que ficar dando broncas, criticando, perdendo o autocontrole. Aprenda a identificar os momentos em que o seu filho está calmo para contar as suas próprias experiências, para falar das suas dores, dificuldades, dos momentos em que você esteve triste com seus pais. Diga para eles que é importante que ouçam um não, pois, na universidade, nas empresas, na relação com as pessoas, não existe apenas sim, mas muitos nãos.

O último e maior pecado capital que os educadores podem cometer é destruir a esperança e os sonhos dos jovens. Sem medo, fale para os jovens não se preocuparem com suas dores, mas fazerem delas um canteiro para nutrir a sua força, a sua resiliência e coragem. Depois da mais dramática tempestade, surge o mais belo amanhecer. Cabe aos pais e professores sempre alimentar os sonhos dos jovens, nunca os desanimar. Lembre-se: em cinco segundos, você não faz um grande discurso, apenas profere algumas palavras; em cinco segundos, você não faz uma grande jornada, apenas dá alguns passos; mas em cinco segundos, quando se trata da gestão da emoção e do teatro da mente humana, você pode mudar uma vida, para o bem ou para o mal. Se você diz para um filho que o decepcionou ou para um aluno que falhou "Você não vai se tornar nada na vida", você, pai e professor, registrou uma janela *killer*. Ao falar para um filho que mais uma vez foi teimoso: "Você só me decepciona", você também arquiva uma janela traumática que asfixia a esperança dele. Até mesmo falar para o seu parceiro ou parceira "Não sei por que estou com você até hoje" leva-o a experimentar uma tempestade torrencial que asfixia a esperança, o prazer e o encanto pela vida. Sabendo disso, é chegado o momento de aplicar as técnicas que podem fazer você reciclar os pecados capitais e transformar as tormentas da vida no mais belo amanhecer.

PAIS BRILHANTES E PROFESSORES FASCINANTES FORMAM SUCESSORES

Chegamos ao último capítulo desta obra. Até aqui, vimos os hábitos que diferenciam bons pais e bons professores de pais brilhantes e professores fascinantes, e avaliamos alguns dos erros mais graves que podemos cometer na educação das crianças e adolescentes, filhos e alunos. Para finalizar este livro, vamos conhecer algumas ferramentas para que pais brilhantes e professores fascinantes formem sucessores, e não herdeiros.

Todos os seres humanos, mesmo os que foram abandonados pelos seus pais ou tiveram a infelicidade de perdê-los, são herdeiros, receberam o dom da existência, possuem a carga genética, a tensão, o cuidado de uma série de pessoas. Até a natureza é uma sinfonia gratuita para que o ser humano possa se alegrar. Somos herdeiros de tantas coisas belas e encantadoras, herdeiros quando os pais estão presentes, sejam eles ricos ou pobres financeiramente, recebemos bens relevantes, valores da vida, cultura, tradição dos pais e do país. As garantias constitucionais dos direitos humanos fundamentais. Os mais privilegiados recebem algo de seus pais, mais do que dinheiro, recebem doses elevadas de afeto, amor, generosidade, tolerância, uma educação inteligente e instigante. Somos herdeiros, todos somos herdeiros.

Além disso, há um grupo de filhos que recebeu também como herança bens materiais, como casas, carros, fazendas, ações, dinheiro ou empresas de pequeno, médio ou grande porte. São herdeiros de bens que podem ser comprados com dinheiro. Portanto, é inegável que, tendo pais ricos ou não, sendo aprovados e aplaudidos pelas pessoas ao nosso redor ou não, recebemos inúmeras coisas que deveriam nos fazer curvar-nos em agradecimento e fazer da vida um espetáculo único e imperdível. No entanto, aqui surge um grande problema, um sério conflito: nenhuma herança dura eternamente, por isso ela precisa ser, no mínimo, preservada, e, se possível, enriquecida e expandida. Isso significa que nós devemos sair da condição de herdeiros para nos tornar sucessores. Quem preserva enriquece, expande a herança recebida, reitero, se torna um sucessor. As tradições podem morrer, os valores podem se diluir, os bens materiais podem evaporar. A vida envelhece com o tempo e exige cuidados especiais; caso contrário, é interrompida mais cedo. Quem anda em altíssima velocidade, quem não pensa nas consequências do seu comportamento, como os jovens que querem ter o prazer imediato das drogas: eles são herdeiros, extinguem ou colocam a própria vida em risco de maneira fácil, rápida e superficial.

Diferentemente dos herdeiros, os sucessores têm um caso de amor com a sua qualidade de vida. Eles entendem que a vida é bela e breve como gotas de orvalho, que por instantes aparecem e logo se dissipam aos primeiros raios solares do tempo. Sucessores sabem, e precisam, ser ousados, estrategistas que pensam a médio e longo

A vida envelhece com o tempo e exige cuidados especiais; caso contrário. é interrompida mais cedo.

prazo, em vez de ser imediatistas como os herdeiros. Sucessores buscam além do maior esforço. Por exemplo, para dirigir o carro até determinado ponto, poderiam ultrapassar os limites de velocidade e dirigir perigosamente, como os herdeiros fazem, usando a lei do menor esforço. Mas os sucessores são cuidadosos, eles dirigem para si, para quem eles transpiram e para os outros carros. Eles fazem exercícios físicos porque sabem que a vida tem mais de dez trilhões de células e é belíssima, mas frágil. Então eles acabam cuidando de maneira mais carinhosa da sua própria existência. Sucessores, quando recebem de seus pais um legado, a sua cultura, eles a expandem. Se recebem bens materiais, dinheiro, ações ou uma empresa para administrar, pensam de maneira inteligente: "Como vou me reinventar? Que processo eu terei de realizar para que a empresa seja mais produtiva?". Eles não gastam todo o dinheiro que têm, não são torradores de herança como os herdeiros. Eles pensam lá na frente, eles cuidam do futuro desenhando o presente de maneira inteligente.

Por isso, eu queria que não apenas você, pai e professor, lesse atentamente o que lhe trago neste capítulo, mas desejo sinceramente que seus filhos e alunos possam ter acesso a esse conteúdo também. A ascensão e queda de famílias renomadas, de empresas poderosas, de impérios imbatíveis, como o romano, ocorre porque se destruiu a formação de sucessores e foi reproduzida em massa a formação de herdeiros, dissipadores ou torradores de heranças. Se um filho consegue preservar os valores éticos dos pais, preservar os bens que eles adquiriram, enfim, o seu legado, certamente ele deixou de ser um consumidor irresponsável e se tornou um sucesso. O que você, pai e professor, está formando? Depois de ler todos os capítulos deste livro, responda a si mesmo: você aplica as técnicas e ferramentas dos hábitos dos pais brilhantes e dos professores fascinantes para formar sucessores? Ou você bombardeia seu filho ou seu aluno com broncas e críticas, elevando o tom de voz, sendo repetitivo, chato, usando a memória como depósito de informações, apenas sendo um manual de regras, apontando falhas e erros, sem antes elogiar a pessoa que erra para depois tocar em seu erro, como um sucessor deveria fazer? Você está formando herdeiros e mentes que vão expandir o que você tem de melhor?

Claro, lembre-se de que você só conseguirá ser eficiente nessa tarefa se for engenheiro de janelas *light*, e não de janelas *killer*, se transferir o capital das suas experiências. Se você educa a emoção dos seus filhos e alunos e, como lhe disse, se não tiver medo de falar das suas lágrimas, para que eles aprendam a chorar diante deles; se não tiver receio de falar das suas derrotas, para que eles entendam que ninguém é digno de sucesso se não usar os seus vexames, as suas falhas, suas crises, para alcançar o seu pódio. Muitos pais pagam com sacrifício escolas particulares para seus filhos, mas estes não atuam como sucessores, eles desperdiçam essa oportunidade sem saber que nesta breve existência as oportunidades são escassas, e algumas nunca mais voltam. Os herdeiros vivem à sombra dos seus educadores, são peritos em reclamar, são especialistas em querer tudo pronto rapidamente, são imediatistas. Eles conectam-se com centenas nas redes sociais, mas não se conectam consigo mesmos; vivem a perniciosa tese: "Se a sociedade me abandona, a solidão é suportável, mas, se eu mesmo me abandono, ela é intolerável".

Por isso, para concluir estas páginas, compartilho aqui um sonho: que você se torne um grande sonhador e que sonhe em formar sucessores. E, se sonhar, não tenha medo de falhar, e, caso falhar, não tenha medo de chorar; e, caso chorar, repense a sua vida. Mas não desista. Dê sempre uma nova chance para si mesmo e para quem você ama. Os perdedores, diante das dificuldades da resistência dos seus filhos e alunos, dos seus conflitos e das suas limitações, quando veem a chuva, destacam-na como uma tempestade e recuam; mas pais brilhantes e professores fascinantes, no meio da tormenta, não veem a oportunidade de recuar, veem a oportunidade de cultivar. Eles transformam gotas de lágrimas em gotas de sabedoria. Eles são capazes de dar o melhor de si para que os seus filhos e alunos possam se tornar seres humanos complexos e completos, que fazem a diferença no teatro social.

Nunca desista dos seus sonhos, querido pai, mãe, professor e professora, porque, apesar das suas limitações e imperfeições, você não é mais um número na multidão: pais e professores são insubstituíveis para formar mentes brilhantes com uma emoção saudável. Um computador jamais sentirá medo, mas você sentiu medo e trabalhou isso, e agora deve ensinar seus filhos e alunos a trabalhá-lo também. Um computador nunca hesita, nunca tem dúvidas, mas você já passou pelos vales das dúvidas, já hesitou, e agora deve ensinar seus filhos e alunos a escrever capítulos nobres quando eles acham que não têm força. Os computadores jamais sentem fagulhas da solidão, somente um ser humano é capaz de senti-las; por isso você não deve ser como um computador, apontando falhas, constrangendo, apequenando, fazendo comparações. Seus filhos e alunos são únicos e, como seres únicos, são joias excelentes no teatro existencial. Não, eles não são apenas mais um. Sim, eles são ansiosos, irritados, tensos, desconcentrados, não conseguem reconhecer que você deixou de sonhar para que eles sonhassem, que você adiou ou deixou projetos para que eles projetassem ou desenvolvessem projetos na vida deles; eles não reconhecem que você passou por noites de insônia para que eles dormissem bem..., mas isso não importa. Independentemente da condição dos seus filhos e alunos, eles são os melhores filhos e alunos do mundo, porque são seus filhos e são seus amores. E você deve ser um garimpeiro de ouro que procura um tesouro nos solos das crianças e dos adolescentes, mesmo que eles o decepcionem.

Portanto, eu, como psiquiatra, pesquisador e autor de uma das raras teorias sobre o funcionamento da mente, aposto que você tem todas as condições de se tornar um pai e uma mãe brilhante, um professor fascinante, um formador de mentes livres com emoção saudável.

Finalizamos aqui a nossa jornada. Educar filhos e alunos é uma das tarefas mais complexas da atualidade. Podemos dirigir empresas com milhares de funcionários, mas falhar na formação de um ser humano. Educar é amar, é se entregar, é falhar, é chorar às vezes, mas ter a certeza de que nós daremos o nosso melhor e as mais belas ferramentas para formar filhos e alunos que fazem a diferença no teatro social, que tenham uma mente brilhante e uma emoção saudável. Desejo que você tenha um bom recomeço e que cultive as mais belas flores no lindo jardim do território da emoção. Desejo que você seja um educador inteligente: ao educar, liberte o seu imaginário; ao se libertar, não tenha medo de se reinventar; ao se reinventar, não tenha medo de chorar; e, se chorar, não tenha medo de continuar. Sempre dê uma nova chance para si e para seus filhos e seus alunos. Porque vale a pena viver mesmo quando

Nunca desista dos seus sonhos, querido pai, mãe, professor e professora, porque, apesar das suas limitações e imperfeições, você não é mais um número na multidão: pais e professores são insubstituíveis para formar mentes brilhantes com uma emoção saudável.

o mundo desaba sobre nós, mesmo quando as pessoas mais caras nos decepcionam. Um verdadeiro educador semeia nos solos do coração emocional, na memória dos seus filhos e alunos. Semeia com paciência e colhe com perseverança.

Um forte abraço do escritor, pesquisador e psiquiatra

Augusto Cury.